AF230589

CAUSERIES
ÉLECTORALES

De l'Action du clergé dans les élections.

Société générale de librairie
Chez VICTOR PALMÉ,
25, *rue de Grenelle*
A PARIS
ET A BRUXELLES
Chez LEBROCQUY
5, place de Louvain.

L'ÉDITEUR AU LECTEUR

Dans des milieux bien divers, on ne cesse de répéter que le prêtre doit être étranger à la politique, et, en ce moment-ci en particulier, qu'il doit se tenir en dehors de l'agitation électorale.

Cette opinion appelait une justification ou une réfutation. Nous l'avons demandée à une plume exercée et convaincue, qui nous était facilement indiquée, et nous croyons l'avoir trouvée telle que nous l'espérions.

La réponse était sans doute déjà en germe dans une première brochure de M. Élie

Redon, dont trois éditions rapides ont prouvé l'à-propos et la solidité [1].

Cependant il nous semblait que la question particulière des élections, et surtout des élections actuelles, avait besoin d'être traitée plus explicitement.

C'est ce nouveau travail que nous offrons à nos lecteurs.

----

[1] *Clergé et Politique. — Boutades et Raisons*, par Élie Redon. — In-12, 200 pages. — 1 fr.; *franco*, 1 fr. 25.

Paris, Victor Palmé. — Avignon, F. Seguin aîné.

CAUSERIES ÉLECTORALES

I

De l'Action du clergé dans les élections.

Parmi les questions actuelles, il en est peu d'aussi populaires, d'aussi controversées et d'aussi embrouillées que celle qui va nous occuper. Certes, ce n'est pas peu dire, à une époque qui n'a eu d'analogue dans l'histoire que celle où le Seigneur, inspirant aux francs-maçons de Babel des expressions et des idiomes nouveaux, les condamna à parler et à se disputer sans s'entendre jamais. La grande salle du rez-de-chaussée de la tour gigantesque devait offrir un tableau prophétique de notre basse Chambre représentative, séance des députés du 16 juin 1877.

Cette question, actuelle et populaire, la voici :

Le clergé peut-il et doit-il en ce moment, se mêlant à la politique, s'occuper des élections législatives et les influencer?

Comme dans une consultation de malade, et c'est bien le cas de notre société,

Hippocrate dit oui, mais Galien dit non.

De prime abord et logiquement on pourrait supposer que Galien et Hippocrate, étant chefs d'école, seront suivis chacun par les adeptes de la doctrine du maître, défendant l'antimatérialisme du premier ou les aphorismes de l'autre.

Mais nenni dans la question présente : les opinions les plus opposées se trouvent dans chacun des deux camps, pour soutenir ou combattre le légitimisme ou l'opportunisme de l'intervention politique du clergé. On y raisonne et déraisonne à gogo, sans vergogne : aussi pouvons-nous dire, en nous servant d'un mot non moins oublié que français, qu'il n'y a pas de question sur laquelle on se soit plus *emberlucoqué* que sur celle-ci [1].

Libres penseurs et cléricaux, communards et monarchistes se mettent d'accord s'il s'agit de réduire le clergé à l'inaction politique.

---

[1] S'*emberlucoquer*, terme populaire : se coiffer d'une opinion, s'en préoccuper tellement, qu'on en juge aussi mal que si l'on avait la berlue.

(Dict. de l'Académie.)

II

Les Emberlucoqués.

Un coup d'œil sur la composition du camp des inopportunistes est nécessaire pour savoir à qui nous avons à répondre ; il sera rapide et forcément incomplet : là, comme dans tous les groupes parlementaires, à côté des figures à expression et des profils à caractère, se trouvent un très-grand nombre de faces plates et de têtes banales, qui dans la parade jouent les utilités et sont surtout figurants par le nombre. N'oublions pas cependant qu'aujourd'hui le nombre est plus qu'une utilité ; il est une puissance et constitue la base du droit nouveau. Deux larrons qui s'entendent donnent à un honnête homme un coquin pour représentant et fondé de pouvoirs.

Comme il serait impossible d'établir une nomenclature complète et de passer une revue de détail de tout ce que renferme cette tourbe d'inopportunistes, le lecteur intelligent suppléera en regardant autour de lui et en portant son investigation, en son propre pays, du salon à la mansarde, du taudis à l'hôtel somptueux, de la boutique au palais, du cercle au cabaret, du savetier au brodeur, de l'artiste en peinture au cireur de bottes, du docteur en médecine au pédicure, du chiffonnier à l'astronome, du poëte au cocher de fiacre, etc., etc.; partout il entendra la même ritournelle : Le clergé n'a rien à voir dans les élections.

Cueillons quelques exemples :

1° Un prêtre qui s'occupe de politique s'entend aujourd'hui condamner par Mme la comtesse de Châteaugueuille, noble et dévote matrone, ruminant le souvenir de ses succès et de ses triomphes dans le monde, bonbon qu'elle élastique, qu'elle suce depuis le premier quart du siècle actuel, depuis cinquante et quelques années, époque où elle fit son entrée dans la constellation des fiancés et des danseuses.

Avec elle fait chorus Mlle Katherinowska, jeune fille perpétuelle, sorte de dévote du genre mis en scène par Victorien Sardou.

Emberlucoquées Katherinowska et la douairière !

2° Il est vrai que, tout à côté de ces deux physionomies peu régulières, on trouve, partageant la même opinion, la marquise de Coréopsis, femme pleine de charité et d'une piété aussi éclairée que sincère, aussi bien que sa jeune et angélique cousine Élisabeth Bocal.

Emberlucoquées la marquise et sa délicate parente !

3° Pénétrez dans l'officine d'un journal, si vous pouvez obtenir cette faveur : vous trouverez assemblés un certain nombre de collaborateurs, parmi lesquels l'homme aux ciseaux n'est ni le moins influent ni le moins utile; les pièces rapportées tiennent dans une gazette au moins autant de place que sur les braies d'un pauvre homme, si ce n'est même autant que sur le maillot d'Arlequin. Eh bien! là aussi l'on blâme le prêtre politique. — Mais, dites-vous, c'est sans doute ainsi dans le laboratoire d'un journal radical, irréligieux? — Vous avez raison, oui, là on blâme. Quant aux fabriques cléricales... — Eh bien? — Eh bien! c'est la même chose, à peu d'exceptions près.

Emberlucoqués les journalistes!

4° Voguons vers d'autres plages.

Un banquet est offert aux organisateurs d'un concours régional, où l'on a exposé de beaux échantillons des races ovine, bovine, porcine et lapine, suivant le programme, ainsi que des potirons, des cornichons et des melons.

Assurément, rien de moins politique et de moins clérical qu'un pareil banquet. Et cependant, sans avoir eu son compartiment dans l'enceinte de l'exposition, le prêtre sera discuté avant la poire et le fromage.

Pour quiconque fréquente et étudie un peu le monde, il est incontestable qu'on s'y occupe forcément du clergé quand on est un peu nombreux à un festin et surtout à un banquet. Il semble que ce ne soit qu'un hors-d'œuvre; c'est plus que cela : c'est au moins un entremets, et sa place est d'ordinaire entre le chambertin et le champagne.

Nos mœurs françaises sont tellement imprégnées de catholicisme, que la religion catholique n'est absente d'aucune réunion populaire, et que, si elle n'y est pas tenue en honneur par respect, elle y est honorée des insultes de ses détracteurs rancuniers.

Or, dans un banquet de concours régional ou autre semblable, il doit nécessairement se trouver quelque candidat heureux ou malheureux aux conseils général, d'arrondissement ou municipal, pour qui le curé n'a pas voté : car enfin il ne pouvait pas donner sa voix aux deux concurrents rivaux.

— Si j'ai réussi, ce n'est pas la faute du curé! sa voix a failli m'empêcher (ou m'a empêché) d'arriver. Aussi de quoi se mêle-t-il? Le prêtre ne devrait pas être électeur : ça ne le regarde pas! Je suis sûr que si nous mettions la question aux voix, tous les convives se prononceraient contre un curé qui vote!

Un bravo général accueille la position de la question; et, portant un toast, on lui chante :

Brigadier (non, pardon!) conseiller, vous avez raison !

Emberlucoqués le brigadier (non, pardon!) le conseiller et les banqueteurs!

A d'autres :

5° Jeudi dernier se tenait dans la ville de X... la conférence ecclésiastique. Le cas de conscience et le travail terminés furent suivis d'un modeste mais substantiel repas, où régnèrent la bonne humeur et le bon ton qu'inspirent l'union fraternelle et la joie de se trouver associés dans de communes préoccupations de zèle et de charité.

On y conta plus d'*une bonne histoire*; mais, de même qu'il n'y avait eu rien de pantagruélique dans le repas, il n'y eut assurément rien de rabelaisien dans les récits, quoi que puissent en avoir dit de mauvaises langues, instruments de jugements téméraires et injurieux.

Tout naturellement, après s'être occupé des intérêts spirituels des paroisses, du canton et de l'Église catholique, on ne pouvait manquer de parler du pays, c'est-à-dire du département et de la France.

On était sous l'émotion bien légitime causée par l'acte d'énergie que venait de faire, le 16 mai, le Maréchal président de la république, par la dissolution de la Chambre et par les élections devenues nécessaires et prochaines.

Dire que Jules Suisse, qui se fait appeler Simon, ait été plaint de sa piteuse déconfiture et de la façon qu'il a été traité, ressemblant fort à un congé donné sans huitaine à un valet de chambre infidèle, serait prêter gratuitement de la commisération à qui n'en éprouvait guère pour le ci-devant ministre. Valet plat et servile d'une Chambre où trônait Gambetta derrière Thiers, ou Thiers derrière les turlupinades de Gambetta le fou furieux, son copain, complice et impatient héritier, Jules Simon homme public n'avait eu, de la part des conférenciers, qu'un à-compte sur le dédain que lui infligera l'histoire de ces jours incroyables pour la postérité.

L'un des convives assura que ce Jules n'avait répudié son nom de Suisse que pour éviter qu'il vînt à personne l'idée que lui, international n° 606, pût s'intéresser à la paix de l'Église, comme le font, avec un zèle louable, ces beaux hommes qui portent, dans nos temples, avec l'habit galonné et la culotte courte, le chapeau monté, l'épée et la hallebarde.

Mais je m'oublie dans une digression. Revenons à nos moutons, je veux dire à nos pasteurs réunis après la conférence sous la treille hospitalière de la cure cantonale.

On parle donc élections et candidats; on déplore la division des esprits et des partis : tous sont d'accord sur ce point. On l'est moins sur la question pratique : la conduite à tenir. Les uns voudraient agir, les autres préféreraient demeurer spectateurs de la lutte, et, comme Moïse, se retirer sur la colline pour prier, pendant que Josué et ses hommes se battraient à coup de bulletins.

Grand partisan du repos et de la paix à outrance, le digne président cantonnier insiste dans le sens de l'abstention, et expose à ses succursalistes et vicaires tous les inconvénients qui peuvent résulter pour le clergé de son intervention dans la lutte électorale. Son réquisitoire fut surchargé de prétextes rebattus; je me contente d'y cueillir l'un de ses arguments, celui qui fut sa conclusion :

« Dans un si grand débat, » dit-il, « si vous vous abstenez, que peut faire une voix de plus ou de moins? »

Hélas! preuve nouvelle que, si le courage ne calcule pas les difficultés du combat, une prudence intéressée est exposée à calculer bien mal et à commettre de funestes et grossières erreurs!

Une voix peut donner la victoire, et de plus, ce n'était pas une, mais quinze voix que le candide doyen supprimait au candidat du parti de l'ordre et de la religion, et qu'il transportait au concurrent radical.

Faut-il le dire?... et pourquoi non?... Sur les quinze, deux ou trois acceptèrent ces *sages* conseils et ne déposeront pas leur bulletin!...

Emberlucoqués sont le cantonnier et ses deux trop dociles disciples!

6° Au *Cercle de Mercure*, fréquenté par les hommes de commerce, de banque et d'industrie, par des hommes de loi et d'administration, on s'agite beaucoup sur cette question de l'intervention électorale du clergé. Au milieu d'innombrables libations de bière, d'absinthe, de vermout et de pale ale, qui sait ce qui se dit pour ou contre?

Les uns sont pour, et ils se contentent d'y voir l'exercice d'un droit que donne l'égalité de tous les citoyens devant la loi; d'autres sont contre, et ils argumentent à tort sur la position actuelle, qui fait des membres du clergé de véritables fonctionnaires publics. Et ces honorables préopinants ne se doutent pas que, même avec ce faux supposé, ils requièrent une interdiction qu'ils n'ont jamais demandée pour quelques fonctionnaires que ce soit, judiciaires, administratifs, financiers, forestiers, etc., etc.

Au *Cercle de Mercure*, dans tous les cercles et cafés, cabarets et guinguettes, le nombre des *emberlucoqués* est incalculable.

7° Parmi les opposants les plus formels et

les plus entêtés, une place de distinction est due au signor Gambetta, Génois d'origine, Français par intermittence et Espagnol par choix en temps d'émeute, aimant autant les plantureux ombrages de San-Sebastian, qu'il craint l'odeur de la poudre, les lumières et l'aridité des calculs, quand on lui demande les comptes de son administration dictatoriale, laissant inexpliqué et injustifiable l'emploi de la bagatelle de DEUX CENT SOIXANTE MIL-LIONS.

Il signor Gambetta et ses associés dans l'exploitation de notre malheureuse patrie, menacée de devenir une fois encore leur proie, n'y vont pas par deux chemins : ils mettent hors la loi et les droits civiques tout le personnel du clergé et lui ferment les urnes.

Emberlucoqués comme les autres, el señor Leone Gambetta de San-Sebastian et ses confrères !

8° Mme Brelandas est veuve. Mariée au carnaval 1852, elle eut quatre filles, qui lui vinrent, comme la lune rousse, à un an d'intervalle. L'aînée a aujourd'hui 25 ans.

Pour chacune la mère choisit un prénom des deux genres ou à peu près, ce qui a un certain *chic* républicain : Camille, Zoé, Josèphe et Odette; prononcez Odon, pour vous conformer à l'usage de la famille : ceci vous permettra de sourire à l'innocente et perpétuelle facétie du docteur Guérisson, qui, chaque fois qu'il est appelé pour soigner cette chère fille, prétend, même quand elle était dans ses premiers langes, qu'il vient pour une... *Odon-t-algie !*

Ce *quintetti* féminin ne manque pas d'un certain cachet original; il appartient, comme position sociale, à la petite bourgeoisie.

Pour se tenir au niveau et au courant de l'époque et des mœurs, on y a lu avec grande attention les vilains récits de *l'Assommoir*, d'Émile Zola.

De plus, on lit avidement *le Petit Marseillais, le Petit Lyonnais, le Petit Méridional* et *la Petite République.*

Grâce à ces aliments aussi populaciers qu'immoraux, il est facile de se faire une idée approximative de l'esprit qui règne dans le salon de ces dames. Ce n'est certes pas une cage à cocottes, comme celles du marchand d'oiseaux qui tient en face sa boutique bavarde. Mais souvent, en passant, on se demande si certains mots de la langue verte, qui frappent les oreilles, n'est qu'un écho de l'un des vert-vert en vente, ou bien s'il serait l'émission gutturale d'une Brelandas. La question restera probablement indécise quelque temps encore.

Mais ce sur quoi l'on ne saurait avoir le moindre doute, c'est que les discussions politiques sont bien leur œuvre et non celle des kakatoès, qui se bornent généralement à imiter le tambour et à crier : Aux armes!

— Portez armes!

Tandis que les perroquets de l'oiselier battent la générale, les perruches d'en face battent la campagne, le clergé, le gouvernement, le percepteur, le préfet, le maire, tout ce qui a encore une bribe d'autorité.

Comme cela a lieu habituellement dans certaines régions méridionales, toutes ces femmes parlent à la fois, jusqu'à un moment fatal où, faute d'haleine et de salive, il se produit un point d'orgue, suivi d'un *tacet* général pendant sept mesures environ, après lequel se fait, *tempò di marcia*, une vigoureuse rentrée par un *tutti* sur ce motif nouveau et connu : « Tant que le peuple ne s'administrera pas lui-même, rien n'ira. Il faut en venir là et secouer toutes les influences cléricales ; sans quoi la vraie, la bonne République est impossible, » et tatata, et tatata, et tatata... (*bis, ter* et *dà capo*).

L'ordre du jour de cette assemblée républicaine de filles et de femmes délibérantes a amené hier la discussion très-animée sur les élections prochaines. De l'avis des quatre petites gazettes imprimées et des cinq gazettes bavardes, on devrait à tout prix inter-

dire l'action, la réaction, l'immixtion, l'intervention du clergé en pareille matière. Les
raisons ne manquent pas! On demande pourquoi! Et c'est bien clair : parce que!...

— Évidemment, parce que!... dit Camille.

— Certainément, parce que!... dit Zoé.

— Assurément, parce que!... dit Josèphe.

— Et tron-dé-l'air, parce que!... dit Odon.

(Chœur.) Oui! parce que! parce que!
parce que!...

Et tatata, et tatata, et tatata (*bis*).

— Ah! on demande pourquoi? Lisez donc
la Petite République, et vous aurez la réponse
à tout :

« Le clergé veut influencer les élections,
pour rétablir la dîme, le droit du seigneur,
les bûchers, l'Inquisition, les billets de con-
fession, empêcher le divorce... »

Et tatata, et tatata, et tatata, et tatata
(*bis*, *ter* et *dà capo*).

Que n'ont pas dit à cet égard les femmes
Brelandas?

Nous ne gagnerions pas plus à le savoir qu'à écouter plus longtemps leurs mêli-mêlo. Une seule chose reste acquise : c'est leur protestation contre un abus criant à leur avis ; c'est qu'en temps de république et de liberté, on laisse au clergé *celle* de s'occuper des élections.

Emberlucoquées comme les autres la femme Brelandas et les filles Brelandas, et toutes les Brelandas d'Arras, de Rognonas, d'Aubenas, de Carpentras, de Pézenas, de Paris — Lyon — Marseille, de la Méditerranée à l'Océan et de Barcugnas à... Domfront !

III

Conclusion provisoire.

De tout ceci paraît ressortir une leçon préalable, qui ne doit pas passer inaperçue; c'est que :

Partant de points de vue bien différents, les membres de la galerie, que nous venons d'étudier, formulent une conclusion identique : ce qui paraît bien légitimer à un titre nouveau la qualification d'*emberlucoqués* que nous leur avons appliquée.

Récapitulons, en effet, laissant de côté les femmes et filles Brelandas libres penseuses, qui, bavardes par nature et par habitude, sont d'une trop mince autorité et d'une trop lilliputienne importance pour que leur opinion mérite attention ou examen.

Voyous le reste.

La dame de Châteauguenille et la demoiselle Katherinowska ; la marquise et sa cousine, pieuses, chrétiennes, catholiques, sont d'accord sur cette question avec un tribun démagogique, qui, en haine de la religion et de l'Église, pour venir plus facilement à bout de les ruiner l'une et l'autre, éloigne le clergé, de concert avec l'Internationale, la Commune et les sociétés secrètes.

Oh ! mesdames, est-ce assez de vous reprocher de vous *emberlucoquer ?* Ne devrions-nous pas ajouter qu'une pareille connivence est une honte pour vous et une trahison de votre part ? Ne gênez pas par votre blâme inconsidéré l'action de ceux qui usent de leur influence pour la défense de ce que vous devez avoir de plus cher au monde !

Et quant au bon cantonnier, sans malice et sans ruse, un mot doit le convaincre et le faire sortir de sa funeste erreur.

Qu'il se souvienne de ce qu'il est pour Gambetta et ses affidés. Pour ce dictateur, le curé est un ennemi. Gambetta n'a pas mâché le mot, en le jetant au monde du haut de la tribune : Le prêtre, « le clérical, voilà l'ennemi ! »

Or il est dans la loi naturelle de se méfier de son ennemi et de ne pas favoriser ses entreprises perfides.

Gros-Jean ne voudrait pas en remontrer à son curé : aussi ne fait-il que lui prouver combien il est attentif à ses prônes pieux, en se permettant de rappeler que, si la loi chrétienne défend de faire du mal à un ennemi, l'Évangile recommande de veiller pour que l'ennemi ne surprenne pas la maison, et bien certainement de ne pas lui en confier ou prêter la clé; l'Évangile dit que le gardien infidèle, qui n'en défend pas l'accès à l'envahisseur, est responsable de tout le mal survenu par sa faute à ses habitants, confiants en sa vigilance.

Comme curé, le prêtre est obligé à défendre le troupeau; individu, il peut renoncer au droit de légitime défense, se laisser égorger en silence : mais pasteur, il ne sera martyr qu'à la condition d'avoir défendu son bercail et d'avoir succombé dans la lutte.

Étions-nous trop sévères en disant au naïf cantonnier que lui aussi s'était *emberlu-coqué?* Sa conscience lui répondra plus sévèrement encore.

Et quant aux autres physionomies qui ont arrêté notre regard, hommes d'industrie, de négoce, de banque, d'étude ou d'administration, ouvriers ou patrons, tout ce qui compose le grand parti de l'ordre et qui doit être l'immense majorité, puisqu'il se compose de tout ce qui est honnête, laborieux, religieux, de tout ce qui tient à un autel ou à une famille, comment tant d'hommes appartenant à cet immense parti de l'ordre se trouvent-ils ici d'accord avec les artisans du désordre et de la ruine religieuse et nationale? N'est-il pas vrai une fois de plus que tous ceux qui pactisent ainsi se sont *ember-*

lucoqués et trahissent la famille, la patrie et la religion?

Du reste, quel que puisse être le nombre de ceux qui voudraient réduire le prêtre à 'impuissance politique, cette condamnation, fût-elle générale, ne prouverait même pas que de tels juges aient le sens commun : car le sens commun est aujourd'hui rarement le lot des majorités dans le suffrage universel; ceci n'a pas besoin de démonstration.

Après ces préliminaires, il nous devient plus facile de justifier l'attitude active du clergé dans les élections, en traitant la question par des arguments directs.

IV

Que le clergé s'abstienne!

Vraiment, on se demande dans quel cerveau raisonnable a pu prendre naissance une pareille idée!...

Raisonnons par similitude.

Si, à l'époque néfaste où l'Allemagne s'est jetée sur la France; si, pendant la période humiliante de l'invasion prussienne; si, pendant ces angoisses de la patrie, l'intervention du clergé eût pu refouler l'ennemi hors de nos frontières, qui eût osé dire au clergé : Abstiens-toi et reste dans le temple?

Contre une telle et si antipatriotique injonction, le clergé comme un seul homme se serait levé; il aurait constitué un bataillon sacré, qui aurait enlevé le triomphe et sauvé la patrie.

Plus funeste et plus hideuse encore que l'invasion étrangère, est l'invasion du radicalisme, ennemi de la religion, de la famille, de l'État et de la société.

Le peuple est envahi par une peste qui menace de le perdre et de l'anéantir.

Le clergé dispose de ressources capables d'arrêter et de conjurer le fléau, et l'on dirait au clergé : Abstiens-toi!...

Non!... L'héritier du cœur patriotique des Belzunce et des Affre se lèvera contre cette peste et contre ces barricades communardes; et, bon pasteur, il sauvera son peuple, en donnant son vote et son influence, comme au besoin il sait donner son sang, sa vie.

Quelles que soient, en d'autres circonstances, les raisons pour le clergé de se tenir en dehors de la politique, toutes ces raisons disparaissent en ce moment devant une loi suprême, le salut du peuple : *Salus populi suprema lex esto.*

Quand reviendront les jours si désirés où

fleurira une politique chrétienne, le clergé ne demandera pas mieux que de jouir de ses bienfaits à l'ombre paisible du sanctuaire respecté et honoré, et, se tenant en dehors des luttes et des compétitions administratives, laissant aux ministres et aux législateurs chrétiens le soin et le souci des affaires publiques, de se renfermer dans l'enceinte pacifique du temple, pour y chanter les actions de grâces des triomphes de la patrie et les *Te Deum* de la paix et de la gloire nationale.

En attendant ces jours, qui viendront bientôt, espérons-le! la patrie étant en danger, tout le monde est soldat; le combat ayant lieu par les votes, tout prêtre a le droit et le devoir de s'armer du bulletin et de dire à son troupeau :

« Venez, suivez-moi, au nom de Dieu et pour la France! »

Laissons les radicaux inquiets et intéressés à l'abstention cléricale se plaindre de l'influence décisive qu'exercera le clergé.

Comprendrait-on qu'un chrétien, qu'un homme d'ordre, qu'un Français partageàt une manière de voir aussi absurde qu'anti-patriotique?

V

La politique doit être cléricale.

Voici un nouvel argument qui prouve que le clergé doit s'occuper des élections; c'est que :

La politique doit être nécessairement et toujours cléricale.

L'énoncé d'une pareille proposition doit produire au milieu des sages du monde moderne et de tous nos libéraux l'effet que produisit sur l'Aréopage d'Athènes le mot de « résurrection des morts » qu'osa y faire entendre saint Paul.

Il y eut, dit-on, des haussements d'épaule, des rires ironiques à gauche, des sarcasmes au centre, un coup de sifflet d'origine inavouée et des grognements parlementaires.

Quelques honorables, plus policés et moins polissons, demandèrent le renvoi à un autre jour et allèrent à la buvette.

Quelques-uns cependant écoutèrent et s'en trouvèrent même fort bien : du nombre de ces derniers fut Denys, qui vint à Paris fonder l'Église de France.

Quand je dis qu'il s'en trouva fort bien, je me place à un point de vue que n'admettent point ceux qui opinent qu'il s'en trouva fort mal, puisqu'il y rencontra des bourgeois et des prolétaires de Belleville-Montmartre qui obtinrent d'un Raoul Rigault de l'époque sa décapitation publique.

Pour qui estime à rien la couronne du martyre, Denys fit en effet une triste fin. Pour nous, nous affirmons qu'il s'en trouva fort bien et qu'il se réjouira éternellement d'avoir écouté parler de la résurrection des morts; il voit aujourd'hui que la doctrine catholique ne trompe personne.

Quelqu'un voudra-t-il écouter si on cherche

à lui démontrer que la politique doit être cléricale? Espérons-le, et qu'il ne craigne pas pour cela d'être conduit à la guillotine ou à la fusillade; ce sera plutôt un moyen, croyons-nous, d'éviter l'une et l'autre.

La politique doit être cléricale.

Nous prenons cette qualification dans le sens moderne qu'on lui attribue vulgairement : clérical est devenu synonyme de divin, de surnaturel, de chrétien.

Il est temps, en dépit des protestations libres penseuses, qui s'infiltrent malheureusement dans nos appréciations et obtiennent une connivence inconsciente et inintelligente; il est temps et urgent d'affirmer la vérité sans ménagement et sans ambages.

Ne craignous donc pas, et sans hésiter, affirmons que l'élément surnaturel fait nécessairement la base, la solidité, la condition indispensable de la politique, si la politique veut être vraie, et ne pas être une politique fausse, caduque, funeste, aboutissant néces-

airement à la ruine des nations; si celles-ci
a veulent indépendante de l'influence divine
et des droits de l'Église.

M. Odilon Barrot lança un jour du haut
de la tribune une déclaration qui fut accueillie
comme un oracle par les législateurs et les
politiques libéraux : « La loi est athée. »
Plus tard, on le sait, il essaya de rattraper
son apophthegme hardi; ce fut en vain : le
public s'en était emparé, l'avait écrit au
crayon en marge du Code, et trouva que ce
qui avait été bon à prendre était bon à
garder; manouvriers en législation et hâbleurs
de la basoche continuèrent à affirmer l'a-
théisme de la loi.

Ce que l'on a retenu à l'égard de la loi,
on l'affirme au sujet de la politique et on ne
cesse de nous redire que la politique est
essentiellement et exclusivement de l'ordre
matériel et temporel, et que, comme la loi,
elle doit être athée.

Nous pensons que l'on peut appliquer à la

politique ce mot profond et prophétique de Son Éminence le cardinal Guibert :

« La République sera chrétienne, ou elle ne sera pas! »

Nous disons la même chose de la politique.

Or qu'est-il advenu de cette chère République, dont le sage prélat prononçait en ces termes l'horoscope, impliquant un dénoûment incertain et un avenir problématique?

La République râle en ce moment et se tord dans les convulsions de l'agonie. Imprudente! elle a accepté de boire à une coupe empoisonnée présentée par un charlatan hàbleur.

Gambetta, anticlérical, a tué, il a assassiné sa République! Les Œdipes à l'œil faux ont toujours été néfastes pour leur mère!

Gambetta regrette le résultat, qui lui coûtera cher; mais il ne sauvera pas la République en train de crever piteusement.

Le cardinal avait et il aura raison : la République sera chrétienne, ou elle ne sera pas. Dans trois ans on lui rendra les honneurs funèbres qu'elle mérite : ceux des *enterre-chiens*. Il faut bien ce temps pour l'enbaumer et lui préparer son mausolée au musée des momies. Il sera fort utile d'en conserver les restes, afin que leur vue préserve nos neveux, s'ils avaient jamais la folie de vouloir encore la restaurer en France. Assez comme cela d'essai loyal et imprudent, funeste et ruineux !... assez et trop !...

La République est tombée, elle crève pour avoir trop *mangé du prêtre* et sans avoir pu enfanter tout le mal qu'elle portait dans ses flancs venimeux.

Elle est tombée, elle crève sous le poids des malédictions de ceux dont elle a ruiné l'industrie, le commerce et la fortune.

Elle est tombée, elle crève sous la réprobation des imprudents qui purent un instant se laisser séduire et entraîner par des promesses fardées, fallacieuses et intéressées.

République démocratique, elle tombe sous

le poids du mépris d'un peuple qui comprend enfin (puisse-t-il ne l'oublier jamais !) que le talent et le but de ces chefs démocrates, c'est, comme on l'a dit si spirituellement, de se faire fournir des rentes par ceux qui n'en ont pas, et d'exploiter par un budget sans cesse en progression croissante les sueurs et le sang du pauvre peuple et de ses enfants.

La République tombe, elle croule, elle crève, pour n'avoir pas été chrétienne. Ce mot dit tout; il restera, il sera l'épitaphe de son tombeau.

Ainsi en sera-t-il de toute politique : chrétienne, cléricale, elle aura la durée, l'avenir; — athée, elle préparera des ruines à la famille, au pays, à la France.

Mais ceci peut paraître une déclamation. Ce sont des raisons que l'on demande encore?... Cependant cette éloquence des faits contemporains est déjà un solide argument, si nous ne nous faisons illusion.

Toutefois de nouveaux arguments se présentent, et ils sont irréfutables : ne les négligeons pas.

Au préalable, nous aurions dû tâcher de bien nous entendre sur la signification vraie de ce mot : « Politique », au sujet duquel surgissent tant de querelles et de controverses.

« Politique. » Ce mot a diverses significations que nous devons éliminer tout d'abord, pour arriver au sens précis que nous devons retenir.

« Politique. » Manière adroite de se conduire pour arriver à ses fins. On dit dans ce sens qu'un courtisan, un magistrat a une politique fine et habile pour s'avancer[1]. Le mot honnête couvre la chose, comme le papier d'argent la drogue de la pilule. Cette manière de faire n'est pas la politique qui nous occupe; c'est de la rouerie, de la ruse, de la duplicité, de

[1] Académie.

l'égoïsme, du machiavélisme. Pour cette sorte de politique, loin de réclamer qu'elle soit chrétienne, nous la répudions et tenons qu'elle est inalliable avec le christianisme ; erreur et vérité ne sont point sympathiques.

« Politique » se prend encore dans un autre sens restreint, et signifie la manière d'agir, en administration, de tel roi, de tel ministre, comparé à tel autre : la politique de Louis IX n'était pas celle de Louis XIV ; la politique de Richelieu était bien différente de la politique de Suger.

La « politique » proprement dite, et dont il s'agit ici, peut et doit être définie :

La science pratique du gouvernement des nations, pour procurer et assurer leur bonheur.

Cette politique a trois aspects : elle peut être universelle, générale, particulière ou nationale. En tous cas, elle doit conserver son caractère générique, essentiel, originel, la politique particulière ne pouvant être en antagonisme avec la politique universelle.

La politique universelle, c'est le gouvernement de la terre entière.

La politique générale, c'est le respect du droit des gens et des nations.

La politique particulière, c'est l'art de gouverner une nation, en tenant compte, dans le détail, de ses aptitudes et de ses intérêts particuliers.

La politique universelle est la source; la politique générale est comme un grand fleuve qui en sort; la politique particulière est une branche fournie par le fleuve issu de la source.

Or quel est le caractère intrinsèque de la politique universelle?

Voyez quel est celui qui l'exerce, qui en retient l'administration comme un attribut inaliénable, et vous aurez la réponse.

Celui qui se charge de gouverner les nations par la politique générale s'est affirmé dès le commencement, et, malgré les efforts insensés mis en œuvre pour le détrôner et le chasser du monde, il en retiendra jusqu'au bout la direction et le domaine.

Salomon l'a dit en termes magnifiques, auprès desquels le coassement des libéraux, des libres penseurs et des prôneurs des droits de l'homme font un piteux et pitoyable effet. Salomon nous transmet les paroles de Dieu ; écoutons avec respect ces paroles de Dieu :

« Écoutez ! car je dirai de grandes choses,
« et mes lèvres s'ouvriront pour proférer la
« justice.

« Toutes mes paroles sont équité ; elles
« n'ont rien de pervers ni de tortueux.

« Je hais l'arrogance et l'orgueil, et les
« voies obliques et les lèvres homicides.

« A moi est le conseil et la constance ; la
« prudence et la force m'appartiennent.

« Par moi les rois règnent et les législa-
« teurs rendent de justes lois.

« Par moi règnent les princes et les puis-

« sants, et tous les juges de la terre [1]. »

Voilà la source d'où dérive toute politique : elle est *divine!*

Dieu! voilà le grand politique universel dont la terre est l'empire, et dont les chefs de nations sont les lieutenants, les chargés d'affaires.

Donc la politique est essentiellement divine.

Et si un jour Dieu, comme l'avait prophétisé David et comme l'a écrit historiquement saint Paul, si un jour Dieu dit à son Christ : « Je te donne les nations en héritage; et ce que je te donne, nul ne pourra te le ravir! » ce jour-là la politique, divine encore et toujours, est devenue chrétienne, cléricale.

Et que nous importent les clameurs et les déclamations de ceux qui s'arrogent le droit de rejeter la révélation et l'histoire sacrée? Ce qu'importent au soleil les sarcasmes d'a-

---

[1] *Proverbes*, VIII ; traduction de GENOUDE.

veugles idiots qui nient ses rayons d'or et de feu ; le soleil n'en continue pas moins à verser

> ..... des torrents de lumière
> Sur ses obscurs blasphémateurs.

———

Est-il nécessaire de démontrer que la politique doit demeurer cléricale sous peine de creuser des abîmes, d'allumer des incendies, de préparer des massacres et d'entasser les ruines de toutes les nations qui ne sauront pas se soumettre à cette bienfaisante et bénie condition ?

L'histoire du passé est la prophétie de l'avenir.

Toutes les fois que l'on a voulu mettre Dieu dehors ou même seulement de côté, il a accepté la non-intervention temporaire ; il s'est momentanément désintéressé d'une politique nationale qui ne voulait pas de son influence nécessaire, et les nations délaissées de Dieu ont péri sous la dilapidation par une populace sans religion et sans mœurs, ou bien sous le sceptre de tyrans sans entrailles et sans cœur, c'est-à-dire sans cette paternité qui émane de Dieu et qui est le caractère de tout gouvernement légitime, portant au front le signe de sa divine source.

Un mot célèbre a été dit au second siècle par un homme de génie. Ce mot a été vrai alors, il l'a toujours été depuis, il sera vrai jusqu'à la fin des temps :

« C'est le Christ qui est la solution de toutes les difficultés [1]. »

Oui, les difficultés de la politique, qui chaque jour deviennent plus inextricables, ne seront résolues et tranchées que par la loi chrétienne.

Donc la politique doit être cléricale, si elle

---

[1] *Solutio omnium difficultatum Christus.*

(TERTULLIEN.)

veut parvenir à assurer le bonheur des peuples.

On trouve malades les nations, et notre chère France en particulier : on cherche immédiatement un régime qui puisse nous rendre la santé. Pour cela se présentent des empiriques divers, nombreux et inventifs.

— « Prenez mon spécifique : il est souverain », disent-ils.

L'un offre la République, l'autre l'Empire, l'autre la Royauté.

Lequel est bon de ces régimes? Tous les trois peuvent l'être, s'ils méritent le titre de chrétiens et s'ils le justifient; tous les trois sont mauvais, funestes, ruineux, s'ils ne sont pas chrétiens.

Le salut viendra de la politique qui sera et se montrera foncièrement chrétienne par ses œuvres, et que Dieu pourra reconnaître comme l'exécuteur national de sa politique universelle.

Dieu, qui a fait les peuples et qui connaît tous les secrets de leur organisme, s'est réservé le droit et la puissance de les guérir.

Voilà pourquoi la politique d'une nation malade doit être cléricale, c'est-à-dire s'appuyant sur Dieu, sur ses droits respectés et mis en honneur.

Voilà pourquoi le clergé doit apporter son actif concours pour assurer le retour et le triomphe de cette divine politique.

VI

Où l'on parle de Mgr Guilbert, évêque de Gap.

Il ne serait pas étonnant que quelqu'un voulût nous opposer l'autorité de Monseigneur de Gap : aussi croyons-nous nécessaire de prévoir et de réfuter cette objection spécieuse, et de prendre même pour nous celui que l'on prétendrait être notre contradicteur en cette discussion.

Que d'attaques ont valu à Sa Grandeur quelques mots dont on a méconnu, pour ne pas dire faussé le sens et la portée !

Monseigneur a dit qu'il ne fallait pas IDENTIFIER *la religion et la politique;* il a recommandé d'être prudent sur ces questions, qui divisent la société.

De là on a tiré cette conclusion illogique, car assurément elle est bien plus étendue que les prémisses, ce qui est contraire aux règles syllogistiques; on a tiré cette conclusion que, par ordre de l'évêque, le clergé devait se tenir à l'écart, et, le mot ignòble a été écrit et applaudi, que le clergé devait être un *eunuque politique.*

Comme cette conclusion cadrait fort bien avec les recommandations confidentielles du ministère Dufaure, on a eu l'impudeur de répéter que Mgr Guilbert avait été récompensé de la sagesse de ses conseils par la rosette de la Légion d'honneur, et que sa promotion à un archevêché en serait la prochaine et légitime conséquence.

A ces grossières insultes on ne doit opposer qu'un silencieux dédain; mais nous devons répondre aux conclusions formulées par d'insultants louangeurs et que l'on voudrait nous opposer. Il nous sera facile de montrer comment Mgr Guilbert se mettrait en contradiction avec lui-même s'il soutenait la doctrine qu'on lui impute.

Constatons d'abord que Mgr Guilbert prend le mot « politique » dans le sens restreint, qui n'est pas le sens général qui nous occupe ici. Nous sommes à cet égard parfaitement d'accord avec l'évêque pour dire qu'il ne faut pas *identifier* avec la religion la politique (de Suger, de Richelieu, de Louis XIV, de Napoléon, de Henri V), comme l'évêque est avec nous quand nous affirmons que la politique doit être chrétienne dans une nation chrétienne, et divine partout, c'est-à-dire conforme aux droits de *Dieu, de qui relèvent tous les empires*, selon la grande expression de Bossuet.

———

Et quant à la contradiction dans laquelle on jette inconsidérément et injustement l'évêque de Gap, la voici :

Monseigneur dirait au clergé : Ne vous

occupez pas de politique, en même temps et dans la même circulaire où il fait un devoir à ses prêtres d'enseigner au catéchisme des demandes nouvelles, que seul ou à peu près il a fait ajouter dans le livre élémentaire où le fidèle apprend le dogme et la morale [1] !

Il leur défendrait donc de parler et de s'occuper de ce qu'il leur ordonne d'enseigner!

---

[1] Voici le contenu de ce chapitre, qu'il est aussi intéressant qu'utile de connaître, avec l'ordonnance ou dispositif qui accompagne la lettre pastorale :

Nous ordonnons ce qui suit :

Art. 1er. — Notre leçon de catéchisme sur les élections sera lue dans toutes les églises et chapelles du diocèse où se célèbre le service divin, au prône de la messe paroissiale, le dimanche qui suivra la réception de notre présente lettre.

Art. 2. — Cette même leçon sera désormais expliquée dans les catéchismes à la suite du quatrième précepte du Décalogue, dont elle est le complément. On aura le plus grand soin, dans cette explication,

Où serait la logique? Le peuple n'aurait-il pas le droit d'appliquer à son curé, qui ne

d'éviter tout ce qui serait de nature à éveiller des susceptibilités personnelles.

Donné à Gap, sous notre seing, le sceau de nos armes et le contre-seing du secrétaire général de notre évêché, le 1er juillet 1876.

† AIMÉ-VICTOR-FRANÇOIS,

Évêque de Gap.

LEÇON DE CATÉCHISME

SUR LE DROIT ET SUR LE DEVOIR DES ÉLECTEURS.

D. Qu'est-ce que le droit électoral?

R. Le droit électoral est le droit que la Constitution d'un pays reconnaît à l'individu d'élire ceux qui sont chargés d'exercer le pouvoir.

Notre Constitution nationale consacre le droit de suffrage pour le choix du président de la république, des sénateurs, des députés, des conseillers généraux de département, des conseillers d'arrondissement, et, dans chaque commune, des conseillers municipaux.

vote pas, quand il y a un candidat digne de son appui, cette parole sévère et juste de l'Évangile : « Les scribes et les pharisiens sont

---

D. Le droit d'électeur impose-t-il des devoirs à celui qui en est investi ?

R. Oui, sans doute, parce que l'exercice de ce droit intéresse au plus haut point la patrie, que Dieu nous commande d'aimer, et qu'il a lui-même instituée pour nous sauvegarder tout ce que nous avons de plus cher, la religion, la famille, nos biens, notre sécurité personnelle, nos plus précieuses libertés.

D. Y a-t-il obligation pour l'électeur d'exercer son droit de suffrage ?

R. Il y a certainement une obligation de conscience pour l'électeur de voter aux élections : car il ne peut sans crime, par son abstention, priver la patrie d'hommes capables de la bien servir, et la laisser tomber, avec tant d'intérêts si graves, entre les mains d'hommes indignes.

D. Comment doit voter l'électeur qui veut sincèrement remplir son devoir ?

R. Il est évident qu'il doit voter en faveur des can

assis sur la chaire de Moïse; retenez et faites
ce qu'ils vous disent, mais ne faites pas ce

---

didats les plus dignes, c'est-à-dire les plus honnêtes
et les plus capables.

D. Qu'a-t-il à faire pour cela?

R. Il lui faut : 1° interroger sa conscience et la
suivre sous le regard de Dieu, qui lui demandera
compte un jour de son vote; 2° dans le cas de doute
sur la valeur des candidats, il doit se renseigner,
consulter là-dessus des personnes probes et sérieuses
qui les connaissent, comme l'exige la prudence dans
toute affaire importante; 3° il doit se mettre en
garde contre de mesquines considérations personnelles, et surtout contre d'odieuses cabales et ten-
tatives de corruptions de toute sorte, qui désho-
norent trop souvent nos élections.

*D. Est-il licite de donner sa voix à un candidat
que l'on sait hostile à la religion ou partisan de
doctrines antisociales?*

R. Il est clair que ce n'est pas licite et qu'un électeur chrétien ne peut, en conscience, confier les
graves intérêts de la religion à celui qu'il sait en être
l'adversaire, pas plus qu'il ne peut confier les inté-

qu'ils font... Ils placent des fardeaux sur les épaules des autres, et ne veulent même pas les toucher du doigt. »

---

rêts de son pays à celui qui ne saurait que les compromettre.

D. Quel est le devoir des électeurs quand il ne se présente pas de candidat qui mérite leur confiance?

R. Le devoir alors des électeurs, et surtout de ceux qui ont de l'influence, est d'en chercher et de décider quelqu'un d'honnête et de capable à accepter leurs suffrages.

D. Mais que faire s'ils n'en trouvent pas et qu'ils n'aient à choisir qu'entre des candidats indignes?

R. La saine morale défend de voter pour aucun de ces candidats, car il n'est jamais permis de prendre part à une mauvaise action. Néanmoins les électeurs font bien d'user de leur droit en déposant dans l'urne un nom honorable quelconque, quoique certains de ne pas réussir. Ce suffrage alors n'est pas absolument perdu, et reste comme une protestation d'honnêteté, tandis que la pure abstention sert presque toujours au triomphe des pires candidatures.

Une autre contradiction inévitable à laquelle on condamnerait brutalement Mgr de

---

D. La même règle de conscience s'applique-t-elle à toute sorte d'élections?

R. Oui certainement, puisque toutes les élections ont leur importance : les élections pour le Sénat et la Chambre des députés touchent aux plus graves intérêts de la nation tout entière ; les élections pour le conseil départemental et pour le conseil d'arrondissement touchent aux intérêts du département et de l'arrondissement ; et les élections pour les conseils municipaux regardent, dans chaque commune, avec les intérêts matériels de la localité, les intérêts religieux et moraux de l'église, du cimetière, de l'école, etc.

D. Quelles sont les conséquences des bonnes et des mauvaises élections?

R. Il est aisé de le comprendre : si à tous les degrés de la hiérarchie sociale, depuis le pouvoir exécutif, au Sénat, à la Chambre des députés, dans les conseils de département et d'arrondissement, comme dans les conseils municipaux, le suffrage n'envoie que les hommes les plus honnêtes, les plus intelligents

Gap, ce serait l'opposition entre sa doctrine et sa propre conduite. La réfutation est facile et péremptoire par un argument personnel.

Qu'on nous permette une expression un peu vulgaire, mais vraie et de circonstance.

Cet évêque, qui défendrait à son clergé d'intervenir dans la politique, nous le prenons *la main dans le sac*, ou, si l'on préfère, dans l'urne électorale.

Comment, en effet, s'abstiendrait-il de choisir son représentant à l'Assemblée législative, celui qui, avec autorité, fait enseigner que *l'électeur ne doit pas s'abstenir, afin*

et dévoués à la chose publique, les plus dignes en un mot, il est évident que tous les intérêts du pays sont protégés et assurés, comme aussi, si le contraire arrive, tout est compromis et perdu.

Tel est le résultat nécessaire des élections, et c'est pour cela qu'elles imposent à la conscience des électeurs les devoirs les plus graves.

d'assurer le bien du pays et de la religion, et qu'il devra user de son influence en ces circonstances?

Évidemment, l'autorité qu'ont prétendu nous opposer nos contradicteurs les condamne, puisqu'elle soutient la même doctrine que nous.

VII

CONCLUSION FINALE

Le clergé doit mettre en usage son influence dans les élections.

Que cette conclusion devient facile à tirer et à justifier !

Oui, le prêtre doit concourir activement aux élections, pour assurer un heureux résultat : c'est pour lui un double devoir de conscience et de patriotisme.

Devoir de conscience d'abord, vu son état, ses fonctions la mission d'instruction et de direction qu'il remplit au milieu ou plutôt à la tête de son peuple.

Tout ce qui n'est pas ennemi avoué ou dissimulé de Dieu, regarde le prêtre comme le défenseur-né des droits de Dieu, du Christ et de l'Église, et non pas seulement comme un officier public pour les baptêmes, les mariages ou les enterrements.

Or, étant donné, d'un côté, cette persuasion légitime ; d'un autre, l'état des esprits et la lutte engagée dans les élections actuelles, qui donc oserait, s'il est pour la cause sacrée de Dieu, qui oserait dire au prêtre : — Abstiens-toi et montre-toi indifférent ou étranger à la lutte !

Pareille proposition soulèverait l'indignation et le mépris. La conscience sacerdotale la repousse et proteste.

Cette intervention active est non-seulement un devoir religieux qu'impose la conscience ; elle est aussi une obligation que commande le patriotisme.

Est-il besoin de faire remarquer que ceux qui voudraient imposer l'abstention au clergé, sont précisément les mêmes hommes qui l'accusent de manquer de patriotisme?

Oui, la chose doit être constatée : elle prouve une fois de plus l'astuce, la ruse, la duplicité, la malice et la-fausse finesse de ces *politiques* à qui convient si bien l'acception défavorable de ce mot.

Son patriotisme, le clergé l'a prouvé par son dévouement auprès des blessés, sur le champ de bataille et dans les ambulances, par les secours pécuniaires ou autres qu'il a fait parvenir à nos blessés, à nos prisonniers, à leurs mères, à leurs veuves, à leurs enfants.

Le cléricalisme accusé de n'être pas patriotique!... Que l'on mette en parallèle l'ultramontain catholique avec cet ultramontain d'une autre sorte qui va se cacher honteusement en Espagne, quand sévit la guerre civile qu'il a allumée!... Les ultramontains cléricaux, on les a toujours trouvés avec les héros qui payent de leur personne et de leur sang le bonheur de défendre la patrie et leurs frères. Nous contenterons-nous de supporter en silence l'injure et l'outrage?... Non.

Opposons à cet aboyeur les paroles brûlantes de l'un de ces hommes qu'il hait autant qu'il les redoute, les paroles d'un jésuite, le révérend père recteur du collége de Poitiers, s'adressant aux élèves anciens et actuels, et s'écriant avec indignation :

« On a osé dire, mes amis, à une tribune
« française, que le patriotisme était l'exception
« chez les catholiques! Vous saurez répondre,
« je l'espère, à cette ignoble injure. Vos aînés
« vous ont montré comment, la croix sur la
« poitrine, on savait mourir pour la France!
« Je suis bien sûr que vous ne marchanderez
« pas davantage votre sang!...... »

Un immense cri de : Vive la France! et de frénétiques applaudissements prouvent que les enfants comprennent et partagent le patriotisme de leurs révérends pères; qu'ils seront, en effet, les antagonistes et les adversaires actifs de tous ceux dont la politique compromettrait la dignité et la grandeur de leur patrie.

Or les élections actuelles sont le champ clos où vont se disputer l'avenir de la France : d'un côté ceux qui la veulent gran le et libre, pour avoir l'honneur de la servir ; d'un autre côté, ceux qui la désirent humiliée, pour en faire leur proie !

Aujourd'hui, hélas ! c'est du nombre et non de la valeur que dépend la victoire.

La patrie est l'enjeu de cette lutte formidable.

Honte au citoyen qui n'use pas de son droit et ne fait pas son devoir pour sauver la France !

Honte à qui n'use pas de son influence légitime pour assurer le triomphe de la politique chrétienne par les élections !

Honte et malheur à ceux que retiendrait une fausse prudence ! Si l'ennemi triomphe

TABLE

TABLE

Rennes, imp. Alph. LEROY fils, 24, rue de Saint-Quentin, Paris.
Jules DENEAU, représentant.

Collection de brochures à 25 centimes
POUR LES TEMPS ACTUELS.

La Première aux radicaux : **Les Conseillers municipaux,** par un laïque. Broch. in-18 de 64 pages.

Nobles et Paysans, ou Rapports qui devraient exister entre les châteaux et les campagnes. Brochure in-18 de 128 pages.

Seconde aux radicaux : **Les Faux Républicains,** par l'auteur de *la Première aux radicaux.* Brochure in-18 de 64 pages.

Nos Réformateurs libres penseurs, par ERNEST CARON, instituteur laïque et libre à Paris. Brochure in-18 de 128 pages.

Le Peuple et ses Représentants, par un homme du peuple. Brochure in-18 de 64 pages.

Une Solution de la question ouvrière, par GUÉNEBAULT. Brochure in-18 de 64 pages.

L'Internationale. — Son origine, — ses doctrines, — son but, — son organisation, — ses ressources, — par A. PETIT-BARMON, rédacteur en chef du *Poitou.* Brochure in-18 de 64 pages.

Plaies sociales, par G. D'ALBRAYS. Brochure in-18 de 64 pages.

Qu'est-ce qu'un clérical? Lettre à un libre penseur, par LOUIS VALDER. Broch. in-12 de 36 pages.

Par unité, *franco* par poste à domicile. Prix : 25 cent. — Par douzaine, on en donne 15 pour 12 ; par cent, 150 pour cent.